Impressum
Verlag: BABADADA GmbH, Nedderfeld 112 , 22529 Hamburg
Geschäftsführer / Verlagsleitung: Harald Hof
Druck: Books on Demand GmbH, In de Tarpen 42, 22848 Norderstedt

Imprint
Publisher: BABADADA GmbH, Nedderfeld 112 , 22529 Hamburg, Germany
Managing Director / Publishing direction: Harald Hof
Print: Books on Demand GmbH, In de Tarpen 42, 22848 Norderstedt

l'école
المدرسة

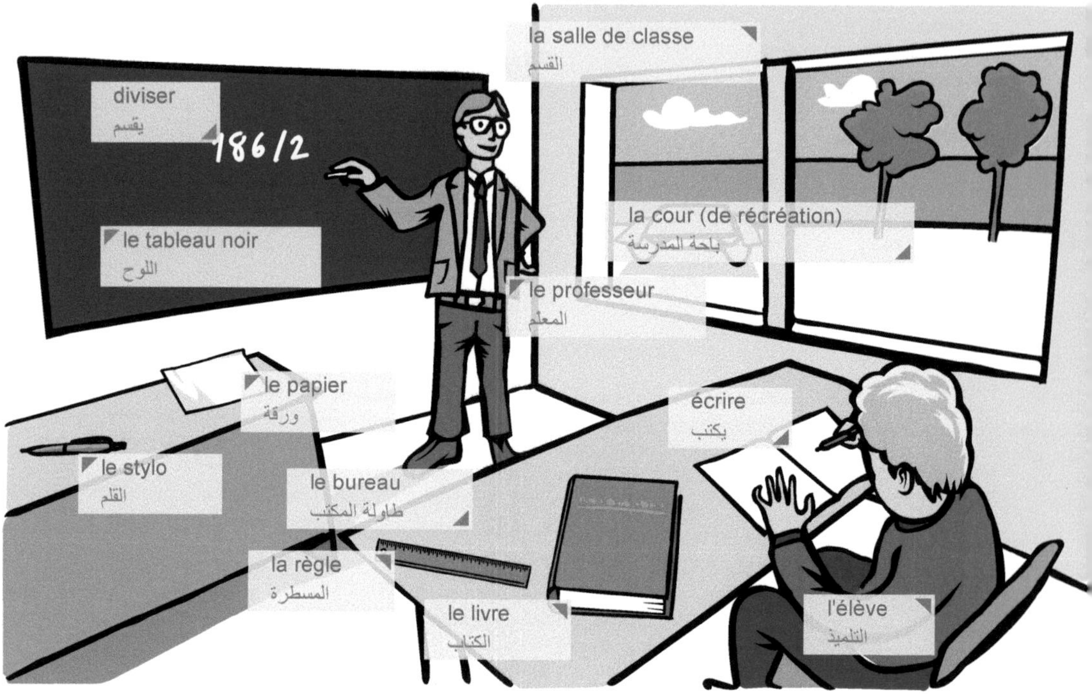
la salle de classe
القسم
diviser
يقسم
186/2
le tableau noir
اللوح
la cour (de récréation)
باحة المدرسة
le professeur
المعلم
le papier
ورقة
écrire
يكتب
le stylo
القلم
le bureau
طاولة المكتب
la règle
المسطرة
le livre
الكتاب
l'élève
التلميذ

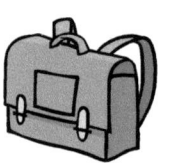

le cartable
الحقيبة المدرسية

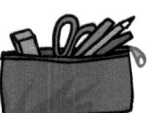

la trousse
المقلمة

le crayon
قلم الرصاص

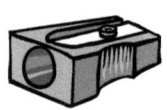

le taille-crayon
البرّاية

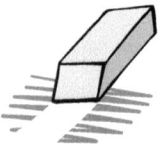

la gomme
المِمحاة

le carnet à dessin
دفتر الرسم

le dessin

الرسمة

le pinceau

الفرشاة

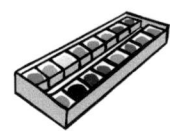

la boîte de peinture

علبة التلوين

les ciseaux

المقص

la colle

المادة اللاصقة

le cahier d'exercices

دفتر التمارين

les devoirs

الواجب المدرسي

le chiffre

الرقم

additionner

يجمع

soustraire

بطرح

multiplier

يضرب

calculer

يحسب

la lettre

الحرف

l'alphabet

الأبجدية

le mot

كلمة

le texte

النص

lire

يقرأ

la craie

الطبشور

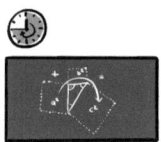

la leçon

الحصة

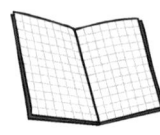

le livre de classe

دفتر الدوام المدرسي

l'examen

الامتحان

le certificat

شهادة

l'uniforme scolaire

اللباس المدرسي

la formation

التعليم

le lexique

الموسوعة

l'université

الجامعة

le microscope

المجهر

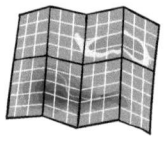

la carte

الخريطة

la corbeille à papier

قماما

le voyage

سفر

l'hôtel
فندق
Grand
l'auberge
بيت الشباب
ROOMS
le bureau de change
مكتب صرافة
EXCHANGE
la valise
حقيبة
la voiture
سيارة

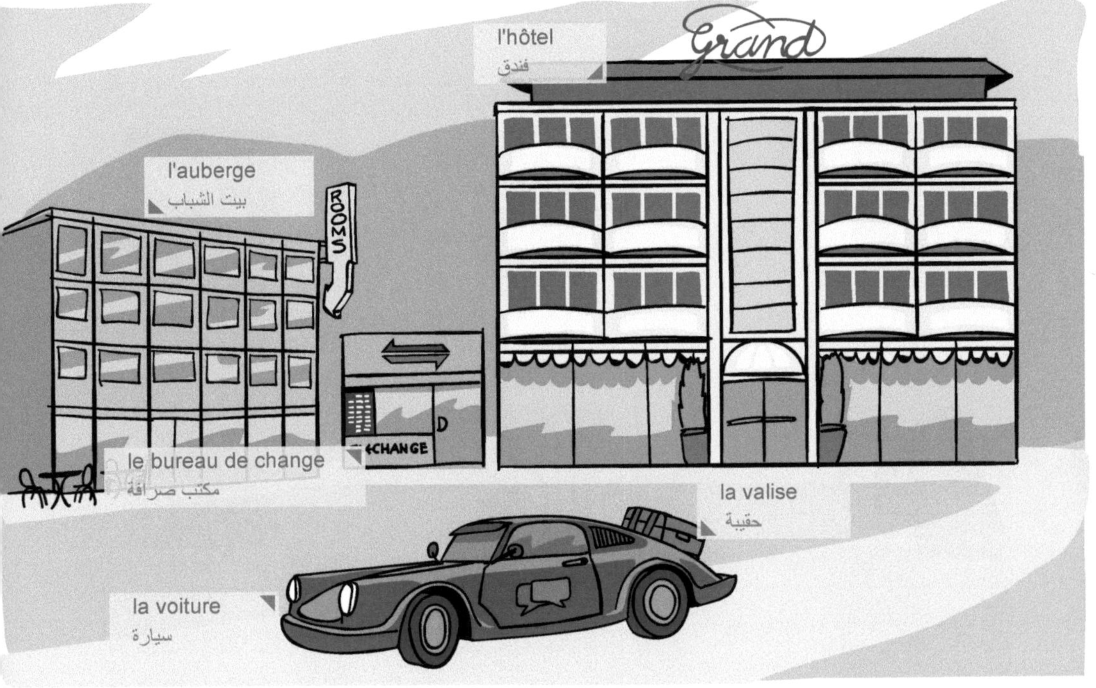

la langue
اللغة

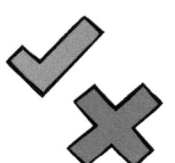

oui / non
نعم / لا

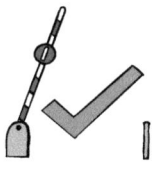

d'accord
حسناً

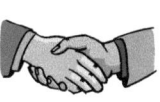

Salut
مرحبا

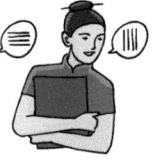

l'interprète
مترجم

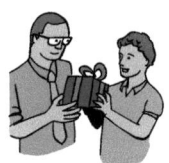

merci
شكراً

Combien coûte...?

كم ثمن ... ؟

Je ne comprends pas

لا أفهم

le problème

مشكلة

Bonsoir !

مساء الخير

Bonjour !

صباح الخير!

Bonne nuit !

ليلة سعيدة

Au revoir

إلى اللقاء

la direction

اتجاه

les bagages

أمتعة السفر

le sac

حقيبة

le sac-à-dos

حقيبة ظهر

l'hôte

ضيف

la pièce

غرفة

le sac de couchage

كيس للنوم

la tente

خيمة

l'office de tourisme

استعلامات سياحية

la plage

شاطئ

la carte de crédit

بطاقة انتمان

le petit-déjeuner

إفطار

le déjeuner

طعام الغداء

le dîner

العشاء

le billet

بطاقة سفر

l'ascenseur

مصعد

le timbre

طابع بريدي

la frontière

حدود

la douane

الجمارك

l'ambassade

سفارة

le visa

تأشيرة

le passeport

جواز سفر

le transport
نقل

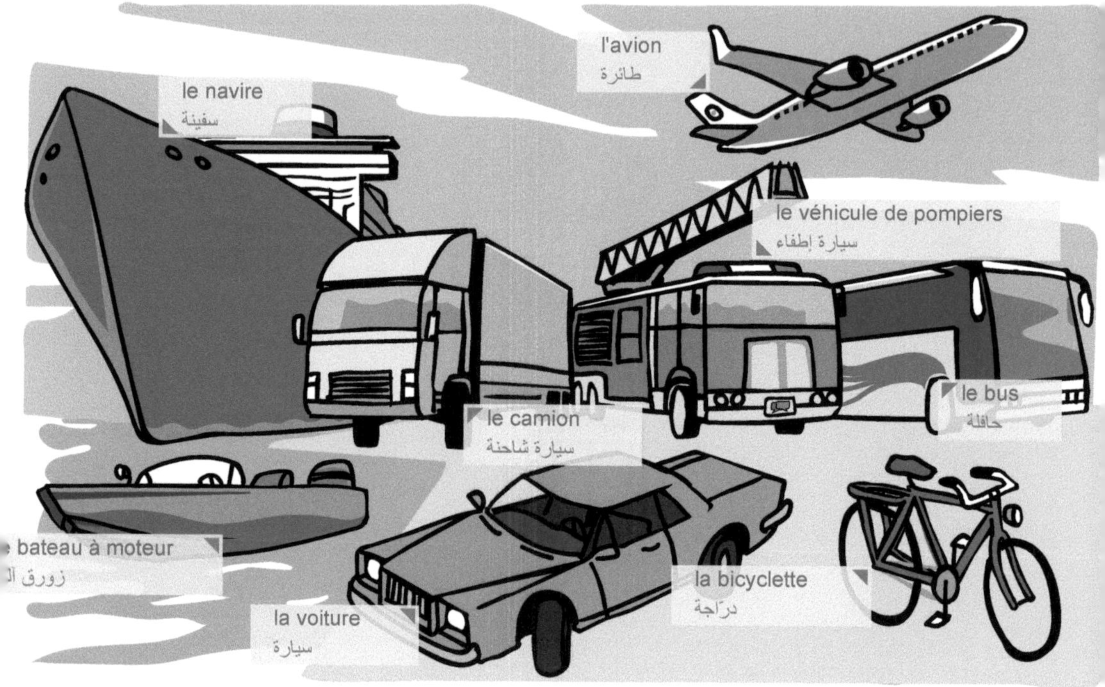
l'avion
طائرة
le navire
سفينة
le véhicule de pompiers
سيارة إطفاء
le bus
حافلة
le camion
سيارة شاحنة
bateau à moteur
زورق آ
la bicyclette
درّاجة
la voiture
سيارة

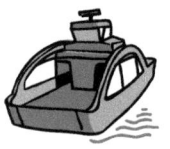

le ferry

عبارة

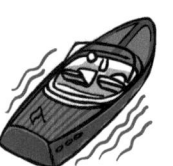

la barque

قارب

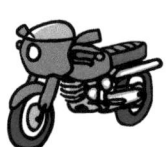

la moto

دراجة نارية

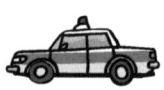

la voiture de police

سيارة شرطة

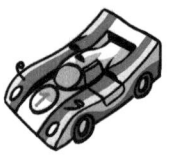

la voiture de course

سيارة سباق

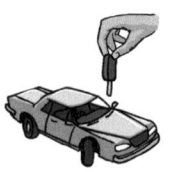

la voiture de location

سيارة مستأجرة

l'auto-partage

أسلوب تشاركي في استئجار السيارات

la voiture de remorquage

سيارة للجر

la benne à ordures

سيارة نقل القمامة

le moteur

محرك

l'essence

وقود

la station d'essence

محطة وقود

le panneau indicateur

إشارة مرور

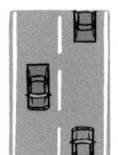

le trafic

حركة السير

l'embouteillage

ازدحام سير

le parking

موقف سيارات

la gare

محطة قطار

les rails

سكك حديدية

le train

قطار

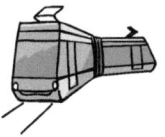

le tramway

ترام

le wagon

عربة قطار

l'hélicoptère

طائرة مروحية

l'aéroport

مطار

la tour

برج

le passager

مسافر

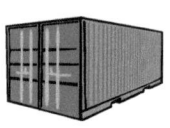

le conteneur

حاوية

le carton

علبة كرتون

le chariot

عربة يد

la corbeille

سلة

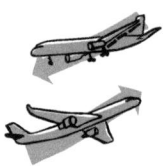

décoller / atterrir

يقلع / يهبط

la ville

مدينة

le village

قرية

le centre-ville

مركز المدينة

la maison

بيت

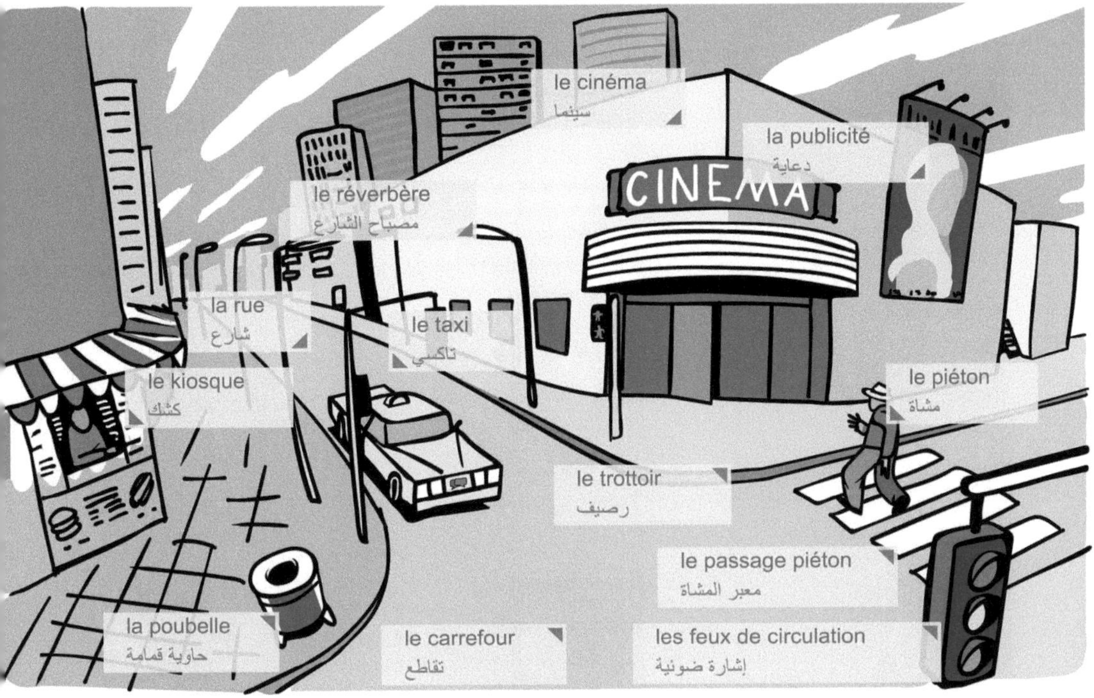

le cinéma
سينما

la publicité
دعاية

le réverbère
مصباح الشارع

la rue
شارع

le taxi
تاكسي

le piéton
مشاة

le kiosque
كشك

le trottoir
رصيف

le passage piéton
معبر المشاة

la poubelle
حاوية قمامة

le carrefour
تقاطع

les feux de circulation
إشارة ضوئية

la cabane
كوخ

l'appartement
شقة

la gare
محطة قطار

la mairie
دار البلدية

le musée
متحف

l'école
المدرسة

l'université

الجامعة

la banque

مصرف

l'hôpital

المستشفى

l'hôtel

فندق

la pharmacie

صيدلية

le bureau

مكتب

la librairie

مكتبة

le magasin

متجر

le fleuriste

محل لبيع الزهور

le supermarché

سوبرماركت

le marché

سوق

le grand magasin

متجر كبير

la poissonnerie

تاجر السمك

le centre commercial

مركز تسوّق

le port

ميناء

le parc

حديقة عامة

la banque

مقعد

le pont

جسر

les escaliers

درج، سلم

le métro

مترو

le tunnel

نفق

l'arrêt de bus

موقف حافلات

le bar

بار

le restaurant

مطعم

la boîte à lettres

صندوق البريد

le panneau indicateur

لافتة باسم الشارع

le parcmètre

مقياس زمن الوقوف

le zoo

حديقة حيوانات

le réverbère

مصباح

la mosquée

مسجد

la ferme

مزرعة

la pollution

تلوث البيئة

la cimetière

مقبرة

l'église

كنيسة

l'aire de jeux

ملعب الأطفال

le temple

معبد

le paysage

طبيعة ريفية

la feuille
ورقة

le panneau indicateur
علامة إرشاد

le chemin
طريق

le pré
مرج

la pierre
حجر

l'arbre
شجرة

le randonneur
رحالة

la rivière
نهر

l'herbe
عشب

la fleur
زهرة

la vallée
....
وادٍ

la montagne
....
جبل

le lac
....
بحيرة

la forêt
....
غابة

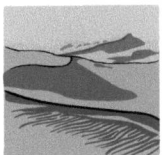

le désert
....
صحراء

le volcan
....
بركان

le château
....
قلعة

l'arc-en-ciel
....
قوس قزح

le champignon
....
فطر

le palmier
....
نخلة

le moustique
....
بعوض

la mouche
....
ذبّانة

les fourmis
....
نملة

l'abeille
....
نحلة

l'araignée
....
عنكبوت

le coléoptère

خنفساء

la grenouille

ضفدعة

l'écureuil

سنجاب

le hérisson

قنفذ

le lièvre

أرنب

la chouette

بومة

l'oiseau

عصفور

le cygne

بجعة

le sanglier

خنزير برّي

le cerf

غزال

l'élan

إلكة

le barrage

سد

l'éolienne

دولاب الطاحونة الهوائية

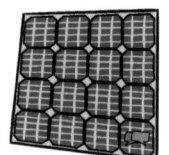

le panneau solaire

خلية شمسية

le climat

مناخ

le serveur
نادل

le menu
لائحة الطعام

la chaise
كرسي

la soupe
حساء

la pizza
بيتزا

les couverts
أدوات المائدة

la nappe
غطاء المائدة

les hors d'œuvre

مقبلات

le plat principal

الصحن الرئيسي

le dessert

حلوى أو فاكهة بعد الطعام

les boissons

مشروبات

l'alimentation

طعام

la bouteille

زجاجة

le restaurant - مطعم   17

le fast-food

وجبات سريعة

les plats à emporter

طعام الشارع

la théière

إبريق الشاي

le sucrier

علبة السكر

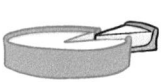

la portion

حصة

la machine à expresso

آلة الإسبريسو

la chaise haute

كرسي عال

la facture

فاتورة

le plateau

صينية

le couteau

سكين

la fourchette

شوكة

la cuillère

ملعقة

la cuillère à thé

ملعقة الشاي

la serviette

منديل المائدة

le verre

كأس

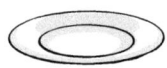

l'assiette

صحن

l'assiette à soupe

صحن الحساء

la soucoupe

صحن الفنجان

la sauce

صلصة

la salière

مملحة

le moulin à poivre

مطحنة الفلفل

le vinaigre

خلّ

l'huile

زيت الطعام

les épices

توابل

le ketchup

كتشاب

la moutarde

خردل

la mayonnaise

مايونيز

le supermarché

سوبرماركت

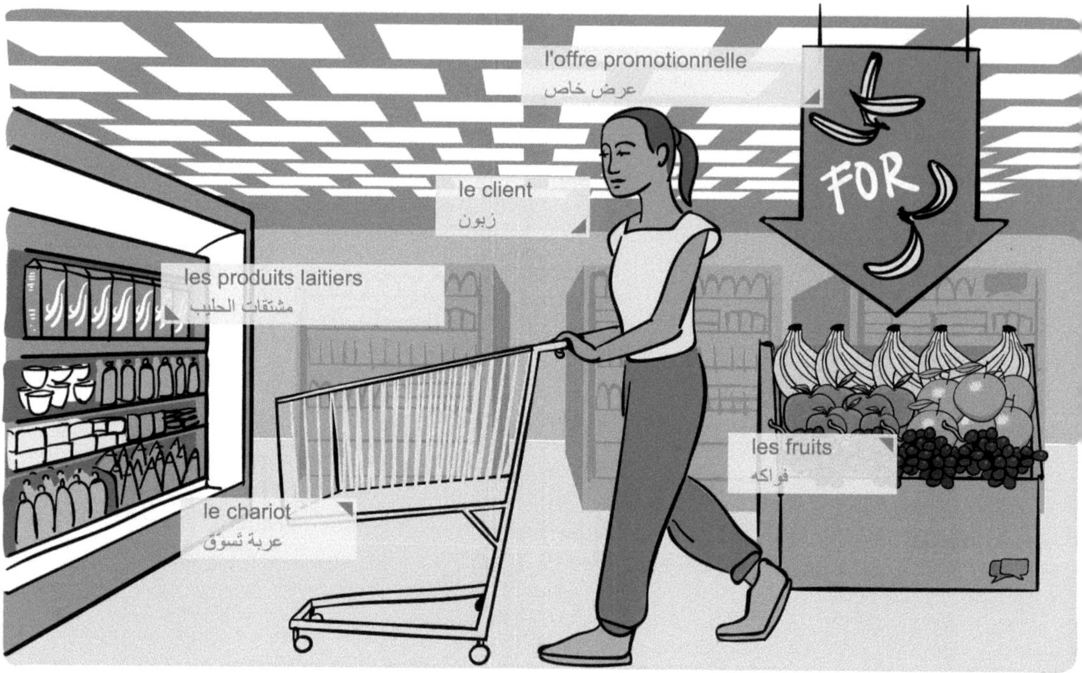

l'offre promotionnelle
عرض خاص
FOR
le client
زبون
les produits laitiers
مشتقات الحليب
les fruits
فواكه
le chariot
عربة تسوّق

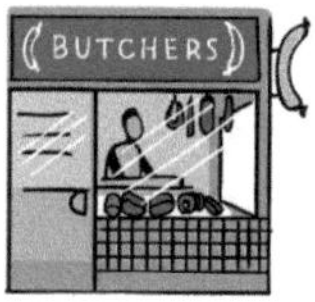

BUTCHERS

la boucherie

جزّار

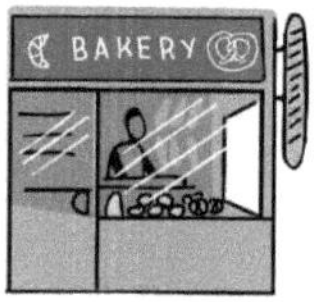

BAKERY

la boulangerie

مخبز

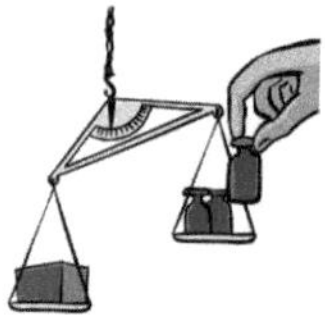

peser

يزن

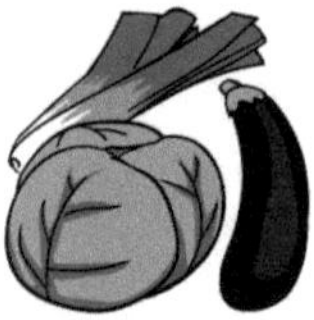

les légumes

خضار

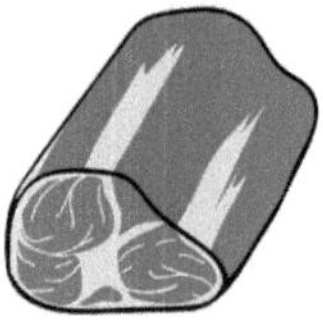

la viande

لحم

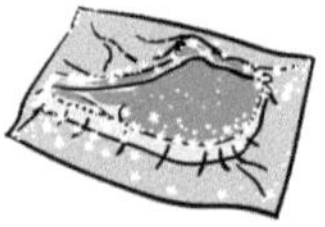

les aliments surgelés

المأكولات المجمّدة

la charcuterie

مرتدلا أو جبن

les conserves

معلبات

la poudre à lessive

مسحوق الغسيل

les bonbons

حلويات

les articles ménagers

المواد المنزلية

les détergents

منظفات

la vendeuse

بائعة

la caisse

صندوق الحساب

le caissier

أمين صندوق

la liste d'achats

قائمة المشتريات

les heures d'ouverture

أوقات العمل

le portefeuille

محفظة النقود

la carte de crédit

بطاقة ائتمان

le sac

حقيبة

le sac en plastique

كيس بلاستيكي

l'eau

ماء

le jus de fruit

عصير

le lait

حليب

le coca

كولا

le vin

نبيذ

la bière

بيرة

l'alcool

كحول

le chocolat chaud

كاكاو

le thé

شاي

le café

قهوة

l'expresso

قهوة إسبريسو

le cappuccino

كابوتشينو

la banane

موزة

la pomme

تفاح

l'orange

برتقال

le melon

بطيخ

le citron.

ليمون

la carotte

جزرة

l'ail

ثوم

le bambou

خيزران

l'oignon

بصل

le champignon

فطر

les noisettes

لوزيات

les pâtes

شعيرية

les spaghetti

سباغيتي

le riz

أرزّ

la salade

سلطة

les pommes frites

بطاطا مقلية

les pommes de terre rôties

بطاطا مقلية

la pizza

بيتزا

le hamburger

هامبورغر

le sandwich

ساندويش

l'escalope

شريحة لحم مقلية

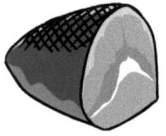

le jambon

لحم خنزير

le salami

سلامي

la saucisse

سجق

le poulet

دجاج

le rôti

لحم محمر

le poisson

سمك

les flocons d'avoine

دقيق الشوفان

le muesli

موسلي

les cornflakes

كورن فلكس

la farine

طحين

le croissant

كرواسان

les petits-pains

خبز صغير

le pain

خبز

le pain grillé

خبز محمص

les biscuits

بسكويت

le beurre

زبدة

le fromage blanc

لبن زبادي

le gâteau

كعكة

l'œuf

بيضة

l'œuf au plat

بيض مقلي

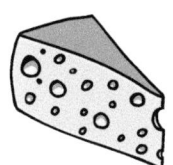

le fromage

جبنة

la glace

مثلجات

le sucre

سكر

le miel

عسل

la confiture

مربّى الفاكهة

la crème nougat

كريم النوغا

le curry

الكاري

la ferme
مزرعة

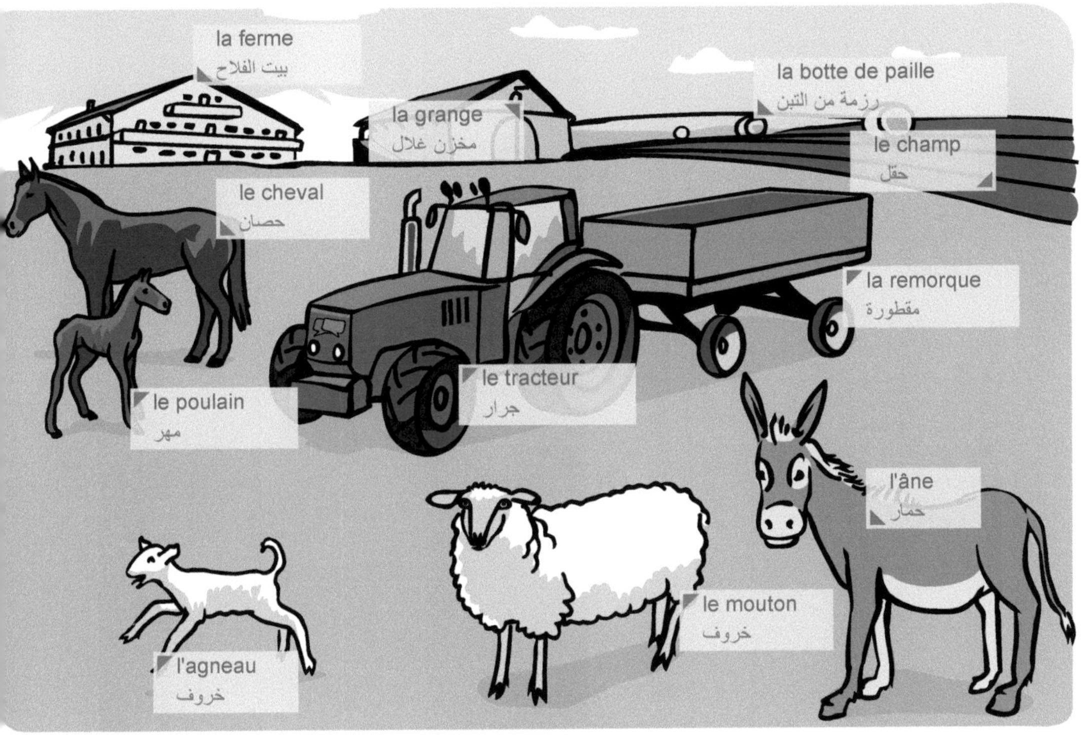

la ferme
بيت الفلاح
la botte de paille
رزمة من التبن
la grange
مخزن غلال
le champ
حقل
le cheval
حصان
la remorque
مقطورة
le tracteur
جرار
le poulain
مهر
l'âne
حمار
le mouton
خروف
l'agneau
خروف

la chèvre

ماعز

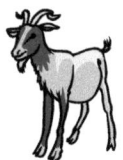

la vache

بقرة

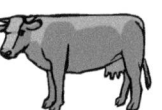

le veau

عجل

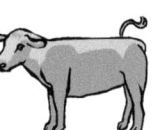

le porc

خنزير

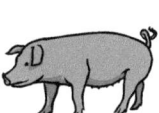

le porcelet

خنزير صغير

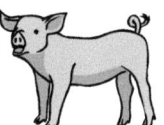

le taureau

ثور

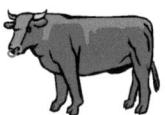

l'oie

إوزّة

le canard

بطّة

le poussin

صوص

la poule

دجاجة

le coq

ديك

le rat

جرذ

le chat

قطّة

la souris

فأر

le bœuf

ثور

le chien

كلب

le chenil

كوخ الكلب

le tuyau de jardin

خرطوم الحديقة

l'arrosoir

إبريق

la faucheuse

منجل

la charrue

المحراث

la faucille

منجل

la pioche

معزقة

la fourche

مذراة الزبل

la hache

بلطة

la brouette

عربة يد

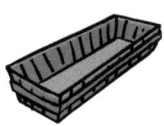

la cuve

معلف

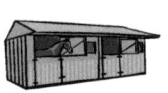

le pot à lait

صفيحة الحليب

le sac

كيس

la clôture

سياج

l'étable

اصطبل

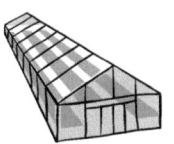

le serre

دفيئة

le sol

تربة

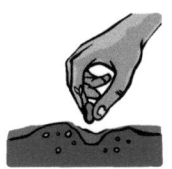

les semences

بذور

l'engrais

سماد

la moissonneuse-batteuse

حصّادة درّاسة

récolter

يحصد

la récolte

محصول

l'igname

بطاطا يامس

le blé

قمح

le soja

صويا

la pomme de terre

بطاطا

le maïs

ذرة

le colza

سلجم

l'arbre fruitier

شجرة فاكهة

le manioc

نبات منيهوت

les céréales

الحبوب

la maison

بيت

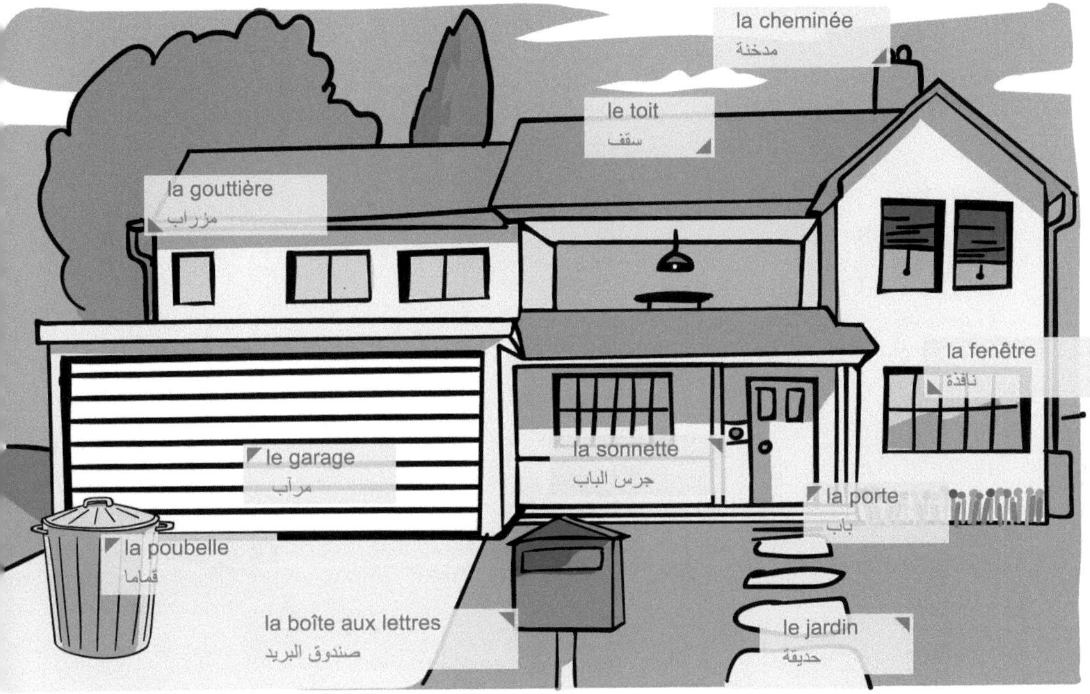
la cheminée
مدخنة
le toit
سقف
la gouttière
مزراب
la fenêtre
نافذة
le garage
مرآب
la sonnette
جرس الباب
la porte
باب
la poubelle
قماما
la boîte aux lettres
صندوق البريد
le jardin
حديقة

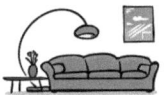

le salon

غرفة جلوس

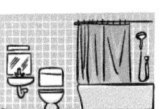

la salle de bain

الحمّام

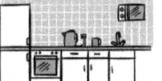

la cuisine

مطبخ

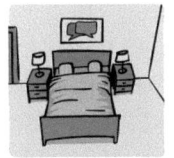

la chambre à coucher

غرفة النوم

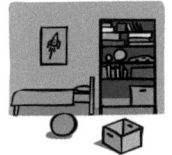

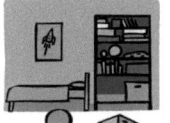

la chambre d'enfant

غرفة الأطفال

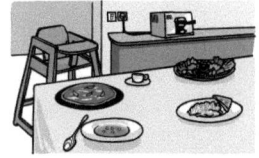

la salle à manger

غرفة الطعام

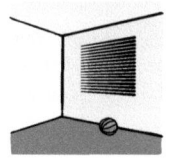

le sol

أرضية

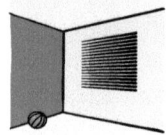

le mur

حائط

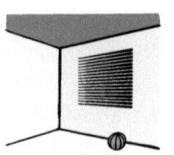

le plafond

سقف

la cave

قبو

le sauna

ساونا

le balcon

بلكون

la terrasse

شرفة

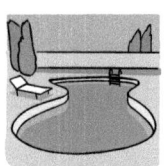

la piscine

مسبح

la tondeuse à gazon

جزازة العشب

la housse

بياضات السرير

la couette

بطانية

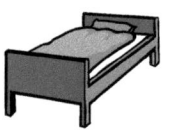

le lit

سرير

le balai

مكنسة

le sceau

سطل

l'interrupteur

مفتاح كهربائي

le salon
غرفة جلوس

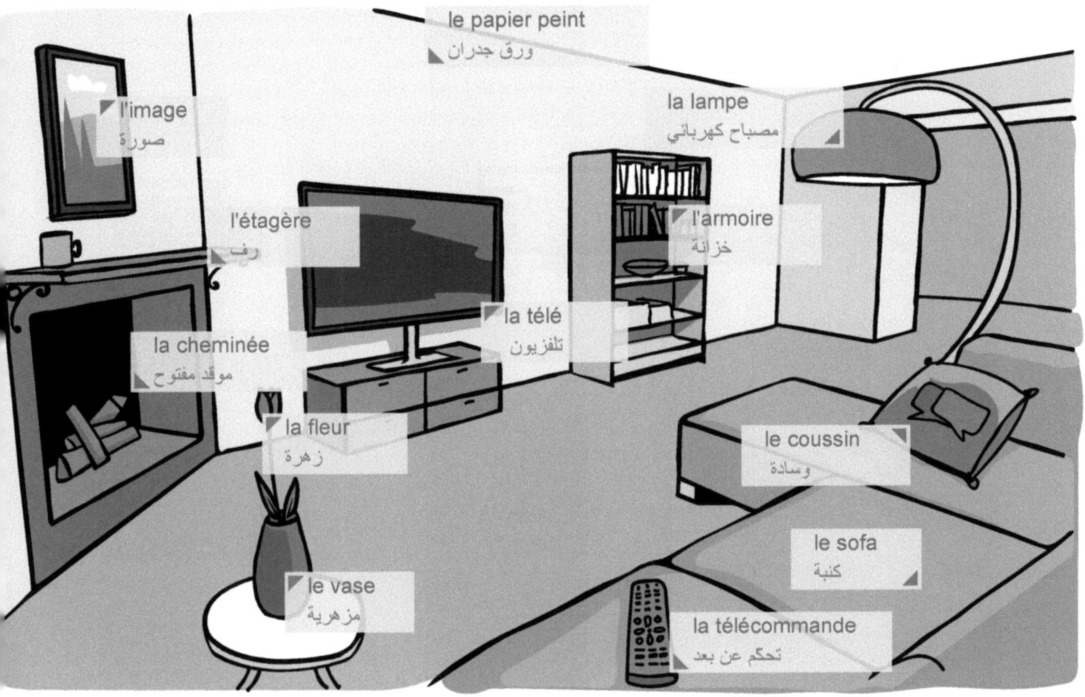

le papier peint
ورق جدران
l'image
صورة
la lampe
مصباح كهربائي
l'étagère
رف
l'armoire
خزانة
la télé
تلفزيون
la cheminée
موقد مفتوح
la fleur
زهرة
le coussin
وسادة
le sofa
كنبة
le vase
مزهرية
la télécommande
تحكم عن بعد

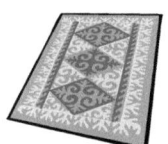

le tapis
بصاط

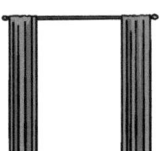

le rideau
ستارة

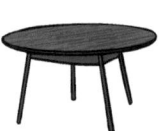

la table
طاولة

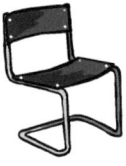

la chaise
كرسي

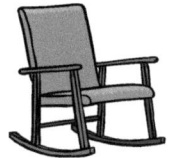

la chaise à bascule
كرسي هزّاز

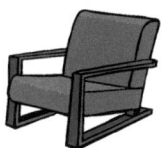

le fauteuil
كرسي ذو ذراعين

le livre

الكتاب

la couverture

بطانية

la décoration

زخرفة

le bois de chauffage

الحطب

le film

فيلم

la chaîne hi-fi

تجهيزات ستيريو

la clé

مفتاح

le journal

جريدة

la peinture

لوحة مرسومة

le poster

مُلصق

la radio

راديو

le bloc-notes

دفتر ملاحظات

l'aspirateur

المكنسة الكهربائية

le cactus

صبّار

la bougie

شمعة

la cuisine
مطبخ

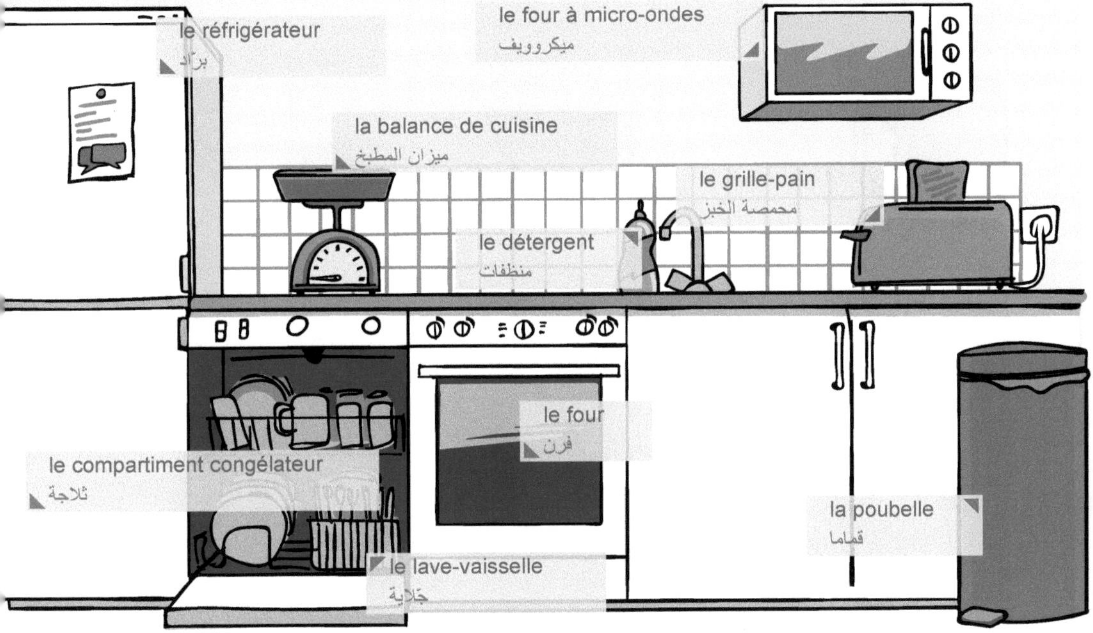
le réfrigérateur
برّاد
le four à micro-ondes
ميكروويف
la balance de cuisine
ميزان المطبخ
le grille-pain
محمصة الخبز
le détergent
منظفات
le four
فرن
le compartiment congélateur
ثلاجة
la poubelle
قمامة
le lave-vaisselle
جلّاية

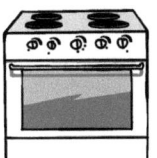

le four
موقد

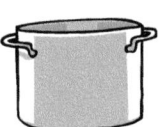

la casserole
قِدر

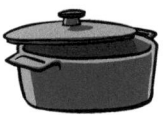

la marmite
وعاء من الحديد

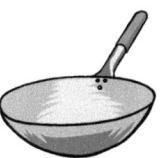

le wok / kadai
قدر صيني

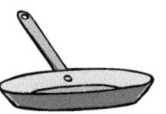

la poêle
مقلاة

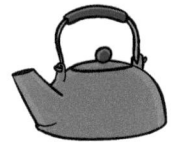

la bouilloire electrique
غلاية

le cuiseur vapeur

قدر البخار

la plaque de cuisson

صينية

la vaisselle

أواني

le gobelet

فنجان

la coupe

صحن

les baguettes

عيدان الأكل

la louche

مغرفة

la spatule

ملعقة منبسطة

le fouet

خفاقة

la passoire

مصفاة

le tamis

مصفاة

la râpe

مبشِرة

le mortier

هاون

le barbecue

شواء

la cheminée

موقد

la planche à découper

لوح التقطيع

le rouleau à pâtisserie

نشابة

le tire-bouchon

مفتاح الزجاجات

la boîte

علبة

l'ouvre-boîte

مفتاح العلب المعدنية

les maniques

قماش الفرن

le lavabo

مجلى

la brosse

فرشاة

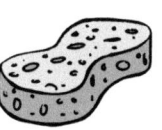

l'éponge

إسفنج

le mixeur

خلاط

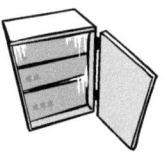

le congélateur

مجمّدة

le biberon

زجاجة الطفل

le robinet

صنبور الماء

la salle de bain

الحمّام

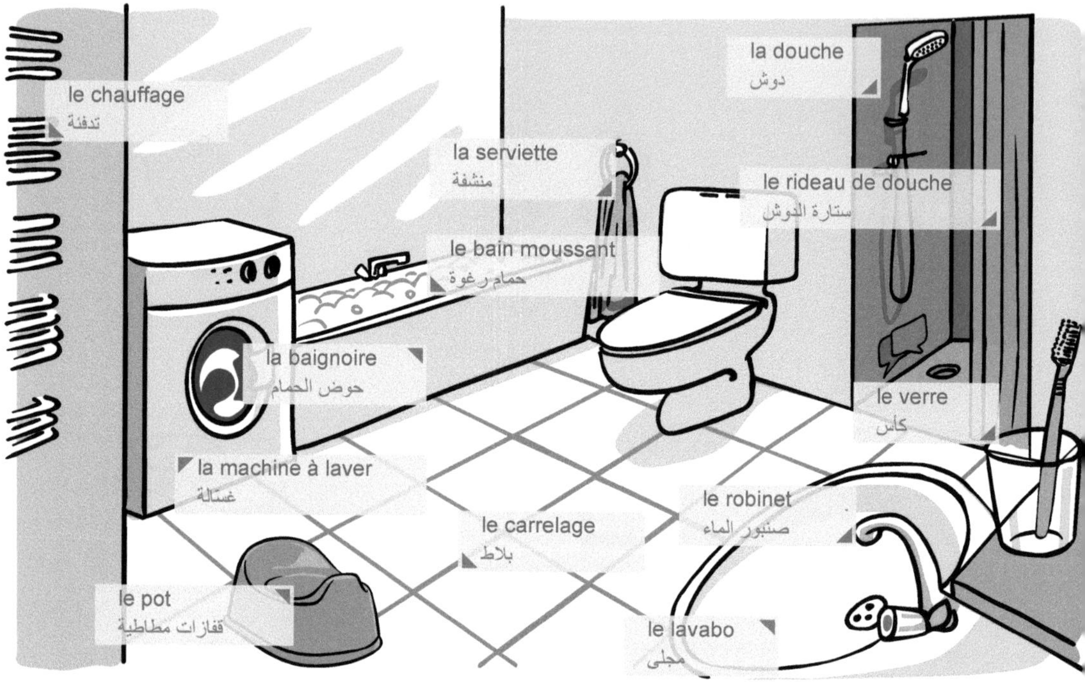

le chauffage
تدفئة
la serviette
منشفة
la douche
دوش
le rideau de douche
ستارة الدوش
le bain moussant
حمام رغوة
la baignoire
حوض الحمام
le verre
كاس
la machine à laver
غسالة
le robinet
صنبور الماء
le carrelage
بلاط
le pot
قفازات مطاطية
le lavabo
مجلى

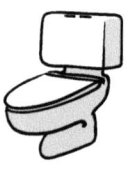

les toilettes

حمام

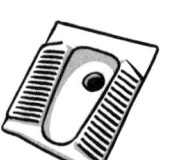

la toilette à la turque

مرحاض القرفصاء

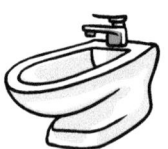

le bidet

حوض التشطيف

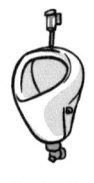

l'urinoir

مبولة

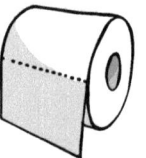

le papier toilette

ورق المرحاض

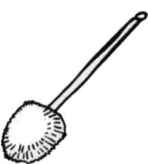

la brosse à toilette

فرشاة الحمام

la brosse à dents

فرشاة الأسنان

le dentifrice

معجون الأسنان

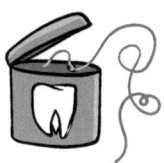

le fil dentaire

خيط حرير لتنظيف الأسنان

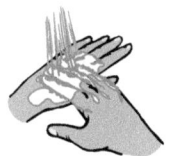

laver

يغسل

la douche manuelle

رشاش ماء يدوي

la douche intime

شطاف

la vasque

حوض الغسيل

la brosse dorsale

فرشاة الظهر

le savon

صابون

le gel douche

جيل الدوش

le shampooing

شامبو

le gant de toilette

ممسحة

l'écoulement

مصرف للماء

la crème

مرهم

le déodorant

مزيل الروائح

le miroir

مرآة

le miroir cosmétique

مرآة يد

le rasoir

موس حلاقة

la mousse à raser

رغوة الحلاقة

l'après-rasage

كولونيا

la peigne

مشط

la brosse

فرشاة

le sèche-cheveux

سشوار

la laque pour cheveux

مثبت للشعر

le fond de teint

ماكياج

le rouge à lèvres

روج

le vernis à ongles

طلاء أظافر

l'ouate

قطن

le coupe-ongles

مقص أظافر

le parfum

عطر

la trousse de toilette

سلة الغسيل

le tabouret

مقعد صغير

le pèse-personne

ميزان

le peignoir

معطف الحمام

les gants de nettoyage

قفازات مطاطية

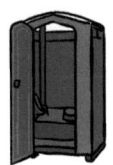

le tampon

سدادة قطنية

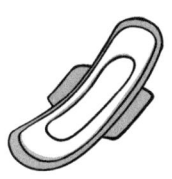

les serviettes hygiéniques

منشفة صحية

la toilette chimique

تواليت كيميائية

la chambre d'enfant

غرفة الأطفال

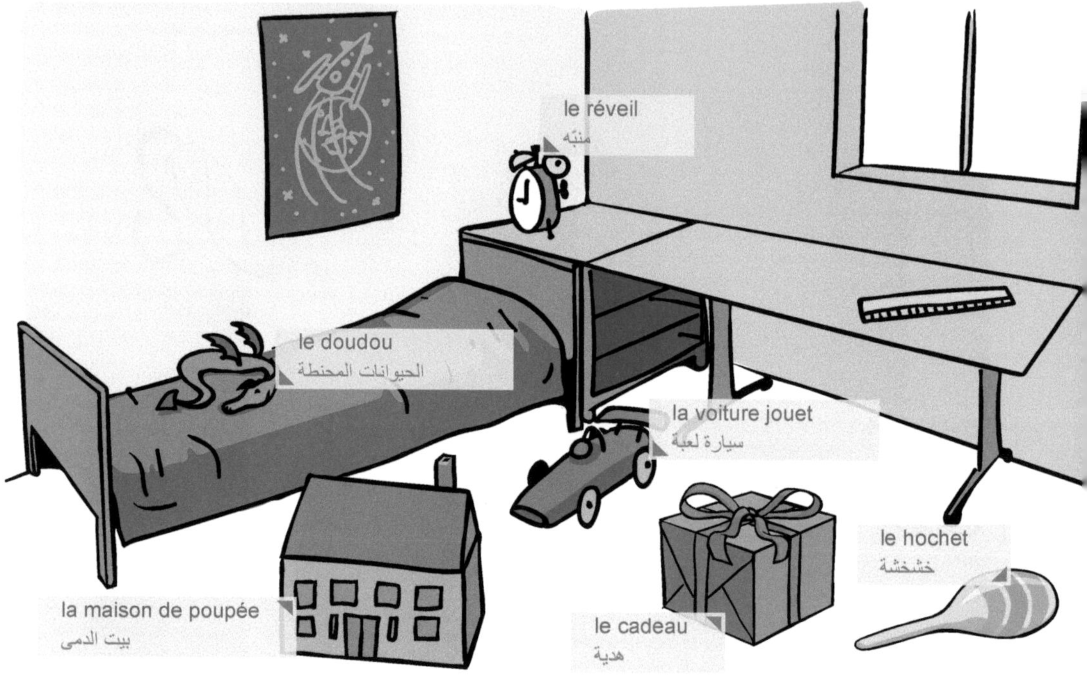

le réveil
منبّه
le doudou
الحيوانات المحنطة
la voiture jouet
سيارة لعبة
le hochet
خشخشة
la maison de poupée
بيت الدمى
le cadeau
هدية

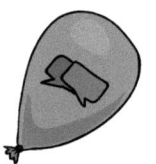

le ballon

بالون

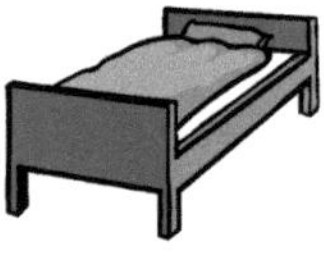

le lit

سرير

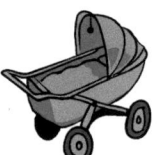

la poussette

عربة الأطفال

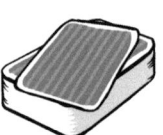

le jeu de cartes

لعبة الورق

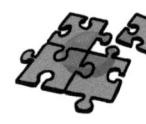

le puzzle

أحجية

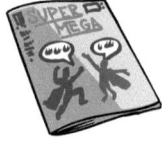

la bande dessinée

رسوم هزلية

les pièces lego

أحجار الليغو

les blocs de construction

حجارة تركيب

la figurine

دمية بطل

la grenouillère

لباس الطفل

le frisbee

فريسبي

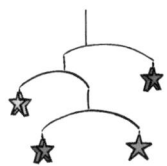

le mobile

دمية معلّقة

le jeu de société

لعبة الطاولة

le dé

لعبة النرد

le train miniature

لعبة قطار

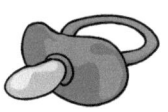

la sucette

مصّاصة

la fête

حفلة

le livre d'images

كتاب مصوّر

la balle

كرة

la poupée

دميّة

jouer

يلعب

le bac à sable

ملعب رملي للأطفال

la balançoire

أرجوحة

les jouets

لعبة

la console de jeu

ألعاب فيديو

le tricycle

دراجة ثلاثية

l'ours en peluche

دمية على شكل الدب

l'armoire

خزانة الثياب

les vêtements

ثياب

les chaussettes

جوارب قصيرة

les bas

جوارب طويلة

le collant

جورب بنطلون

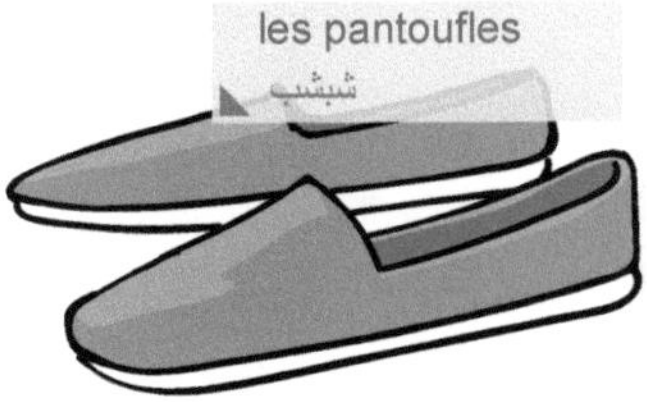

l'écharpe
شال

le parapluie
شمسية

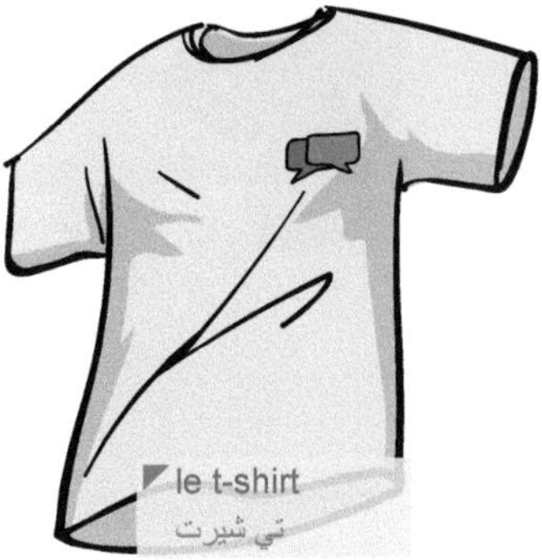

le t-shirt
تي شيرت

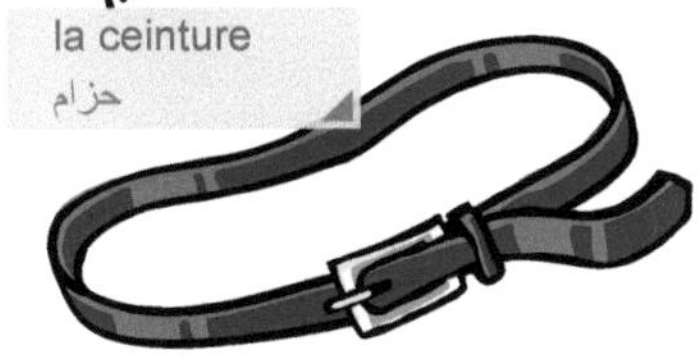

la ceinture
حزام

les bottes
حذاء شتوي

les pantoufles
شبشب

les baskets
أحذية رياضية

les sandales
صندل

les chaussures
حذاء

les bottes de caoutchouc
جزمة كاوتشوك

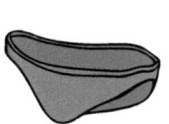

les sous-vêtements
سروال داخلي

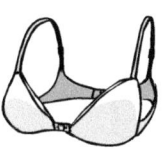

le soutien-gorge
صدّارة

le maillot de corps
قميص داخلي

le body

لباس ملاصق للجسم

le pantalon

بنطلون

le jean

جينز

la jupe

تنورة

le chemisier

بلوزة

la chemise

قميص

le pull

سترة قطنية

le sweat à capuche

كنزة كم طويل

la veste

سترة فضفاضة

la veste

سترة

le manteau

معطف

l'imperméable

معطف مطري

le costume

زي - طقم نسائي

la robe

ثوب

la robe de mariée

ثوب الزفاف

le costume

طقم

la chemise de nuit

قميص نوم

le pyjama

بيجاما

le sari

ساري

le foulard

حجاب

le turban

عمامة

la burqa

برقع

le caftan

قفطان

l'abaya

عباءة

le maillot de bain

مايوه

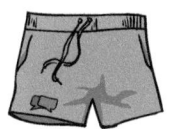

le maillot de bain

سروال سباحة

le short

شرت

la tenue d'entraînement

بدلة رياضية

le tablier

منزر

les gants

ققازات

le bouton

زر

les lunettes

نظارة

le bracelet

إسوارة

le collier

عقد

la bague

خاتم

la boucle d'oreille

قرط

le bonnet

طاقية

le cintre

علاقة ثياب

le chapeau

قبّعة

la cravate

ربطة العنق

la fermeture éclair

سحّاب

le casque

خوذة

les bretelles

حمّالة البنطلون

l'uniforme scolaire

اللباس المدرسي

l'uniforme

زي موحّد

le bavoir

مريلة الأطفال

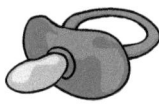

la sucette

مصاصة

la lange

لفافة

le bureau

مكتب

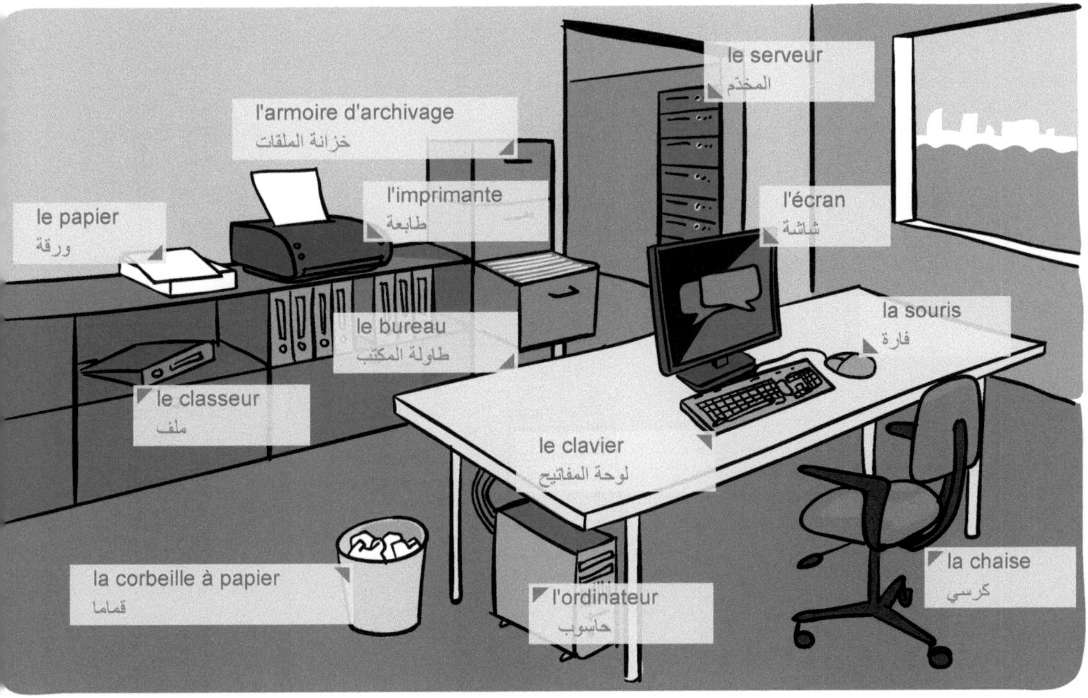

le serveur

المخدّم

l'armoire d'archivage

خزانة الملفات

l'imprimante

طابعة

l'écran

شاشة

le papier

ورقة

la souris

فأرة

le bureau

طاولة المكتب

le classeur

ملف

le clavier

لوحة المفاتيح

la corbeille à papier

قماما

l'ordinateur

حاسوب

la chaise

كرسي

la tasse de café

كأس من القهوة

la calculatrice

الآلة الحاسبة

l'internet

الإنترنت

l'ordinateur portable

الحاسوب المحمول

la lettre

رسالة

le message

خبر

le portable

الهاتف المحمول

le réseau

شبكة

la photocopieuse

جهاز تصوير

le logiciel

البرمجيات

le téléphone

هاتف

la prise

مقبس كهرباني

le fax

فاكس

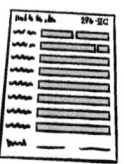

le formulaire

استمارة

le document

وثيقة

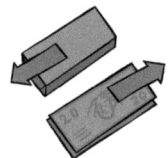

acheter

يشتري

payer

يدفع

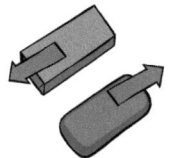

faire du commerce

يتاجر

la monnaie

مال

le dollar

دولار

l'euro

يورو

le yen

ين

le rouble

روبل

le franc suisse

فرنك سويسري

le renminbi yuan

يوان

la roupie

روبية

le distributeur automatique

صرّاف آلي

le bureau de change

مكتب صرافة

l'or

ذهب

l'argent

فضة

le pétrole

نفط

l'énergie

طاقة

le prix

سعر

le contrat

عقد

la taxe

ضريبة

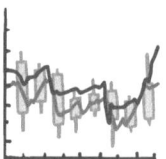

l'action

سهم

travailler

يعمل

l'employé

موظف

l'employeur

رب العمل

l'usine

مصنع

le magasin

متجر

les professions

المِهَن

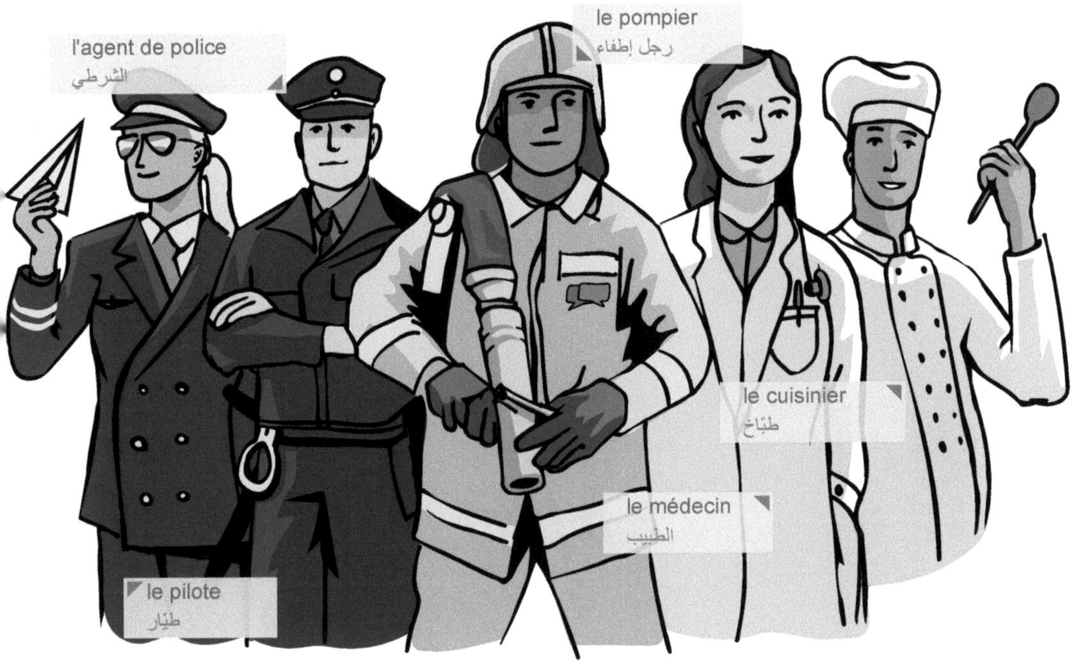

l'agent de police
الشرطي
le pompier
رجل إطفاء
le cuisinier
طبّاخ
le médecin
الطبيب
le pilote
طيّار

le jardinier

بستاني

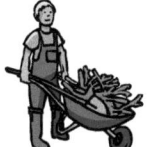

le menuisier

نجّار

la couturière

خيّاطة

le juge

قاض

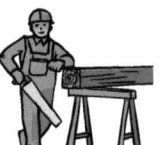

le chimiste

كيميائي

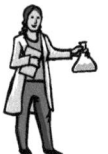

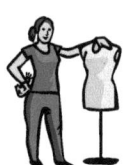

l'acteur

ممثّل

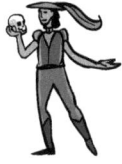

le conducteur de bus

سائق حافلة

le chauffeur de taxi

سائق تاكسي

le pêcheur

صياد سمك

la femme de ménage

أجيرة للتنظيف

le couvreur

بنّاء سقف

le serveur

نادل

le chasseur

صيّاد

le peintre

رسّام

le boulanger

خبّاز

l'électricien

كهربائي

l'ouvrier

عامل بناء

l'ingénieur

مهندس

le boucher

لحّام

le plombier

سمكري

le facteur

ساعي البريد

le soldat

جندي

l'architecte

مهندس معماري

le caissier

أمين صندوق

le fleuriste

بائع الزهور

le coiffeur

حلاق

le contrôleur

مراقب القطار

le mécanicien

ميكانيكي

le capitaine

قبطان

le dentiste

طبيب أسنان

le scientifique

رجل العلم

le rabbin

حاخام

l'imam

إمام

le moine

راهب

le prêtre

كاهن

les professions - المِهَن

les outils
عدة عمل

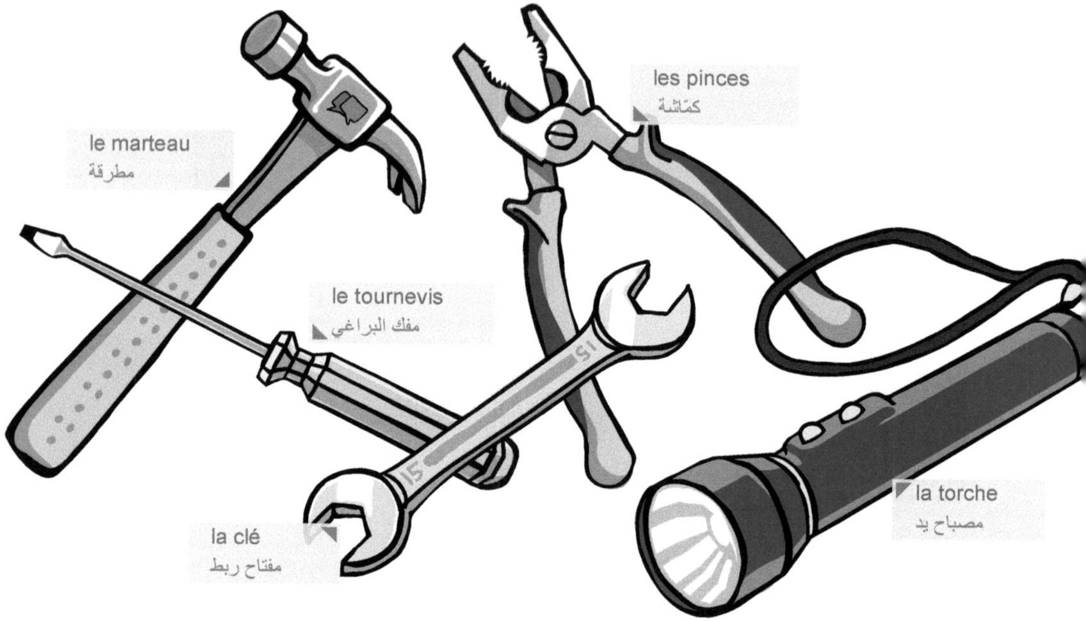
les pinces
كمّاشة
le marteau
مطرقة
le tournevis
مفك البراغي
la clé
مفتاح ربط
la torche
مصباح يد

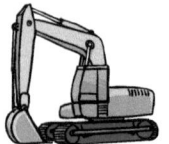

la pelleteuse
جرافة

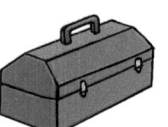

la boîte à outils
صندوق العدة

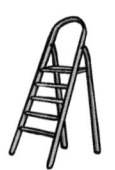

l'échelle
سلّم

la scie
منشار

les clous
مسامير

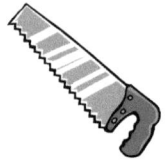

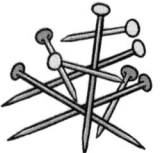

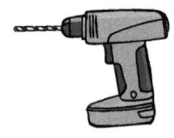

la perceuse
مثقب

réparer

يصلح

la pelle

مجرفة

Mince !

اللعنة

la pelle

لقاطة الكناسة

le pot de peinture

سطل الألوان

les vis

براغي

les instruments de musique

آلات موسيقية

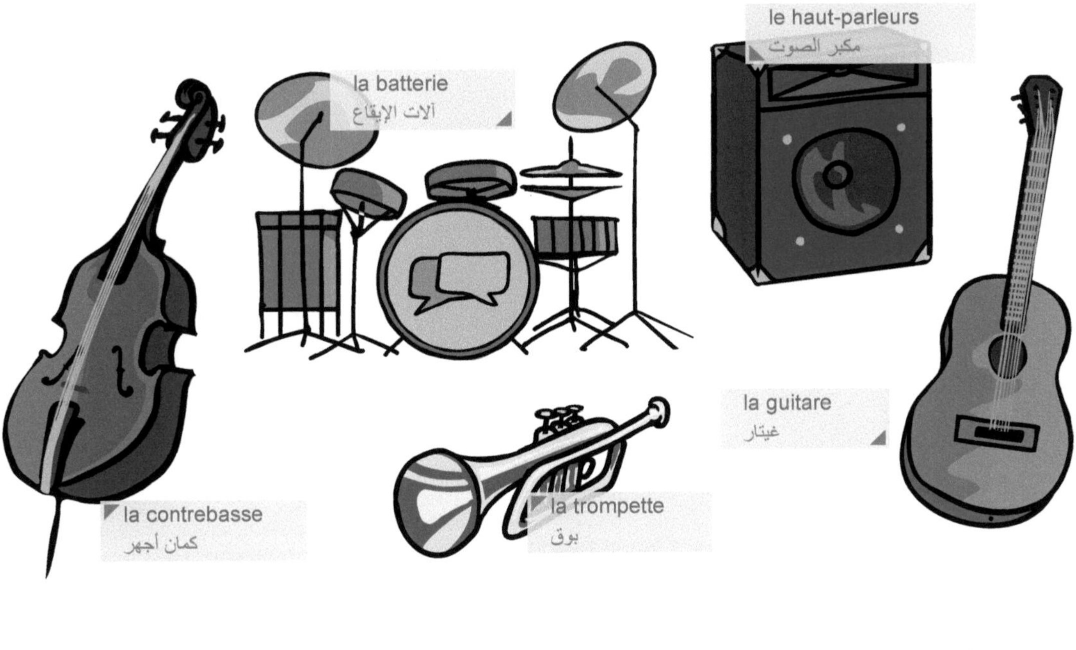

le haut-parleurs
مكبر الصوت

la batterie
آلات الإيقاع

la guitare
غيتار

la contrebasse
كمان أجهر

la trompette
بوق

le piano

بيانو

le violon

كمنجة

la basse

جهير

les timbales

طبل كبير

le tambour

طبل

le piano électrique

بيانو كهربائي

le saxophone

ساكسوفون

la flûte

ناي

le microphone

ميكروفون

le zoo
حديقة حيوانات

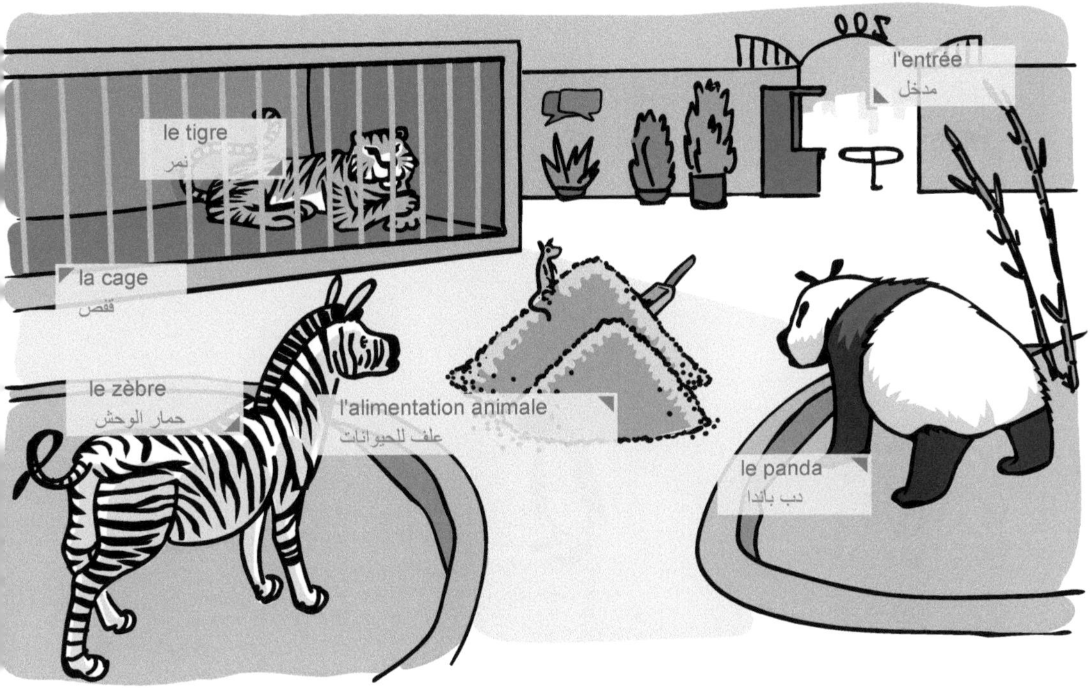
l'entrée
مدخل
le tigre
نمر
la cage
قفص
le zèbre
حمار الوحش
l'alimentation animale
علف للحيوانات
le panda
دب باندا

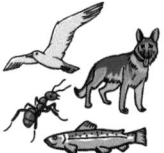

les animaux

حيوانات

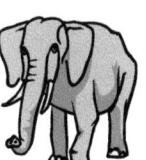

l'éléphant

فيل

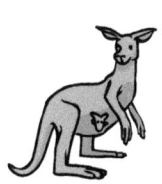

le kangourou

كنغر

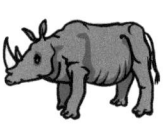

le rhinocéros

وحيد القرن

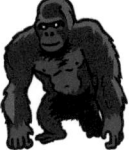

le gorille

غوريلا

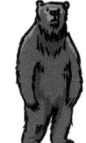

l'ours

دب

le chameau

جمل

l'autruche

نعامة

le lion

أسد

le singe

قرد

le flamand rose

طائر فلامينغو

le perroquet

ببغاء

l'ours polaire

دب قطبي

le pingouin

بطريق

le requin

سمك القرش

le paon

طاووس

le serpent

أفعى

le crocodile

تمساح

le gardien de zoo

حارس في حديقة الحيوان

le phoque

عجل البحر

le jaguar

نمر أمريكي مرقط

le poney

فرس قزم

le léopard

نمر

l'hippopotame

فرس النهر

la girafe

زرافة

l'aigle

نسر

le sanglier

خنزير برّي

le poisson

سمك

la tortue

سلحفاة

le morse

حيوان فظ البحري

le renard

ثعلب

la gazelle

غزال

l'american Football
كرة القدم الأمريكية

le cyclisme
ركوب الدراجات

le tennis
كرة التنس

le basket-ball
كرة السلة

la natation
السباحة

la boxe
الملاكمة

le hockey sur glace
هوكي الجليد

le football

كرة القدم

le badminton

الريشة الطائرة

l'athlétisme

ألعاب القوى الخفيفة

le handball

كرة اليد

le ski

التزلج على الثلج

le polo

بولو

sauter — يقفز

embrasser — يعانق

rire — يضحك

marcher — يمشي

chanter — يغني

rêver — يحلم

prier — يصلّي

faire la bise — يقبل

écrire — يكتب

dessiner — يرسم

montrer — يُري

pousser — يدفع

donner — يعطي

prendre — يأخذ

avoir

يملك

faire

يعمل

être

يوجد

être debout

يقف

courir

يركض

trier

يسحب

jeter

يرمي

tomber

يقع

être couché

يستلقي

attendre

ينتظر

porter

يحمل

être assis

يجلس

s'habiller

يلبس

dormir

ينام

se réveiller

يستيقظ

regarder

ينظر إلى ..

pleurer

يبكي

caresser

يمسّد

peigner

يمشّط

parler

يتكلم

comprendre

يفهم

demander

يسأل

écouter

يسمع

boire

يشرب

manger

ياكل

ranger

يرتب

aimer

يحب

cuire

يطبخ

conduire

يقود

voler

يطير

faire de la voile

يبحر بزورق شراعي

calculer

يحسب

lire

يقرأ

apprendre

يتعلم

travailler

يعمل

se marier

يتزوج

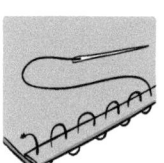

coudre

يخيط

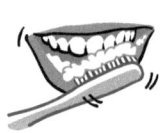

brosser les dents

ينظف أسنانه

tuer

يقتّل

fumer

يدخّن

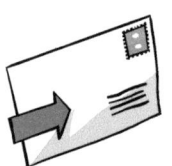

envoyer

يرسل

la famille
عائلة

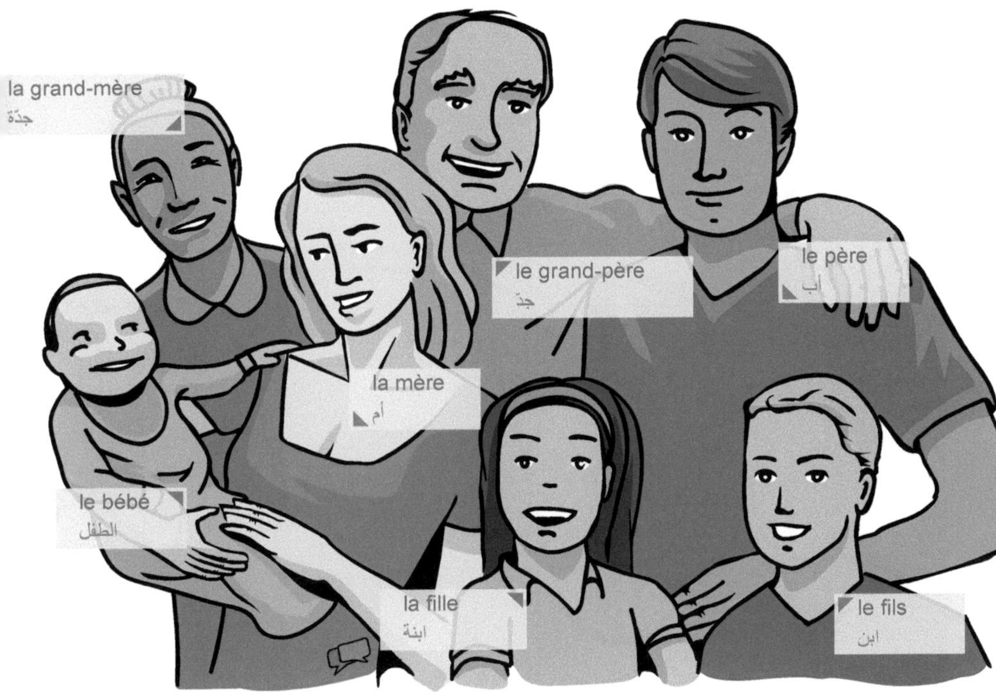
la grand-mère
جدّة
le grand-père
جدّ
le père
أب
la mère
أم
le bébé
الطفل
la fille
ابنة
le fils
ابن

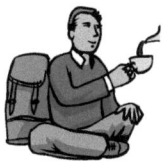

l'hôte

ضيف

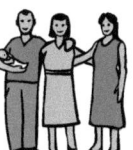

la tante

عمّة / خالة

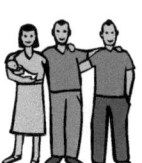

l'oncle

عمّ / خال

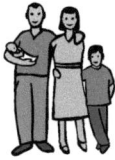

le frère

أخ

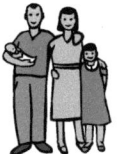

la sœur

أخت

le corps

الجسم

le front
الجبين
l'œil
العين
l'épaule
الكتف
le doigt
الإصبع
le visage
الوجه
le menton
الذقن
la main
اليد
la jambe
الساق
la poitrine
الصدر
le bras
الذراع

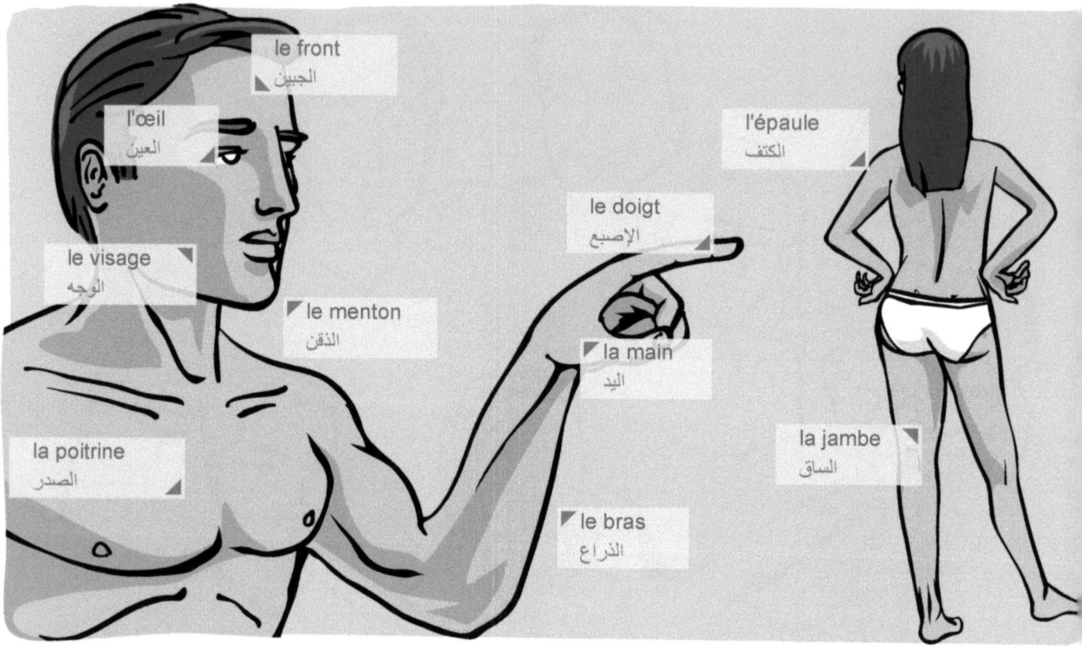

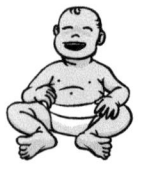

le bébé

الطفل

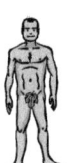

l'homme

الرجل

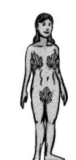

la femme

المرأة

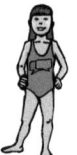

la fille

البنت

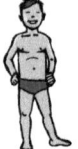

le garçon

الولد

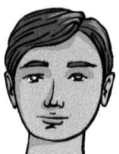

la tête

الرأس

le dos

الظهر

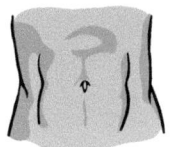

le ventre

البطن

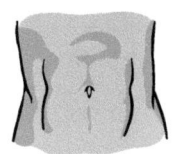

le nombril

السرّة

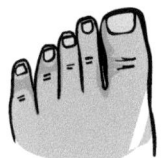

l'orteil

إصبع القدم

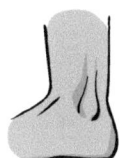

le talon

الكعب

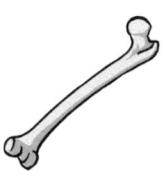

l'os

العظم

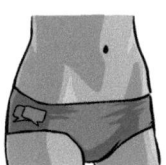

la hanche

الورك

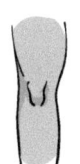

le genou

الركبة

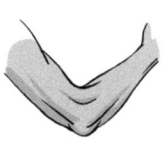

le coude

المرفق

le nez

الأنف

les fesses

العَجُز

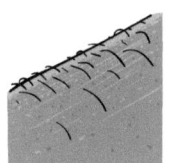

la peau

البشرة

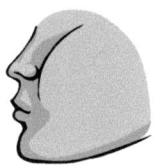

la joue

الخد

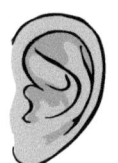

l'oreille

الأذن

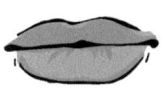

la lèvre

الشفة

la bouche

الفم

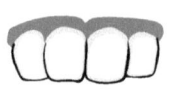

la dent

السن

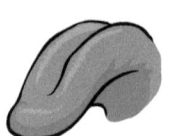

la langue

اللسان

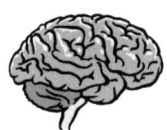

le cerveau

الدماغ

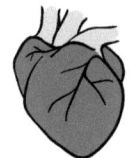

le cœur

القلب

le muscle

العضلة

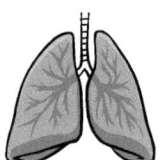

les poumons

الرئة

le foie

الكبد

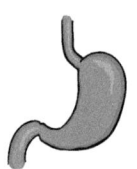

l'estomac

المعدة

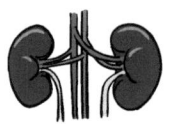

les reins

الكلى

le rapport sexuel

الاتصال الجنسي

le préservatif

الواقي المطاطي

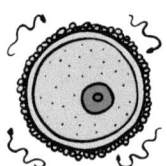

l'ovule

البويضة

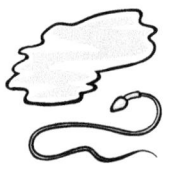

le sperme

المنيّ

la grossesse

الحمل

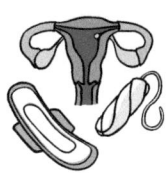

la menstruation

الحيض

le vagin

المهبل

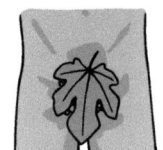

le pénis

القضيب

le sourcil

الحاجب

les cheveux

الشعر

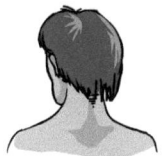

le cou

الرقبة

l'hôpital
المستشفى

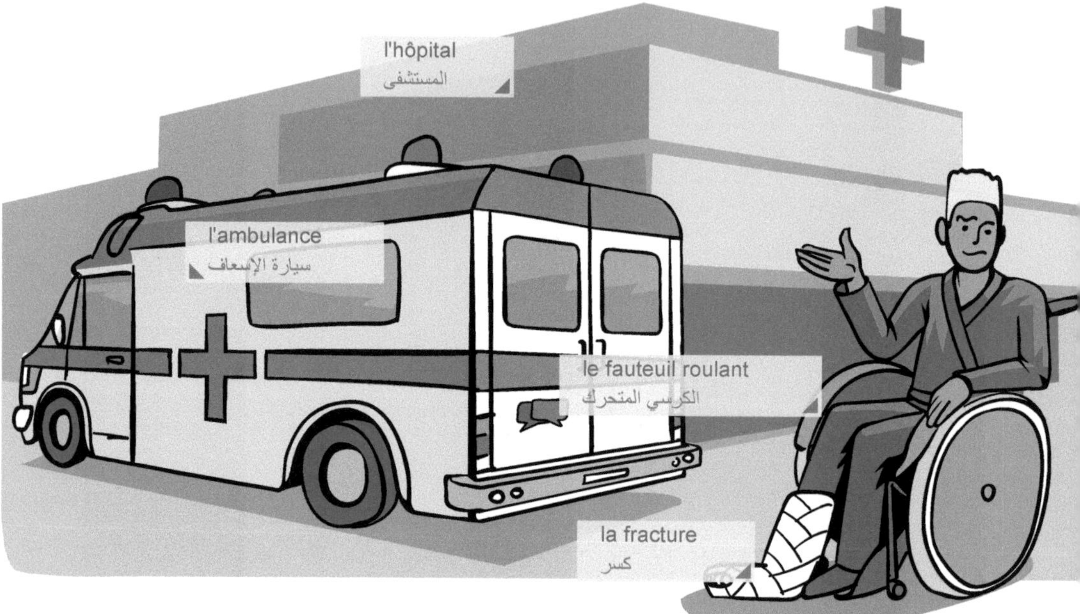

l'hôpital
المستشفى
l'ambulance
سيارة الإسعاف
le fauteuil roulant
الكرسي المتحرك
la fracture
كسر

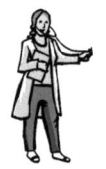

le médecin

الطبيب

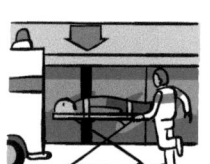

le service des urgences

غرفة الإسعاف

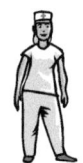

l'infirmière

الممرضة

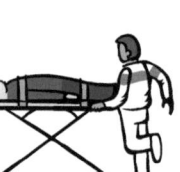

l'urgence

حالة

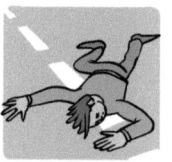

inconscient

مغمى عليه

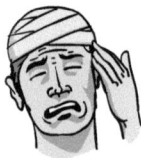

la douleur

الألم

la blessure

إصابة

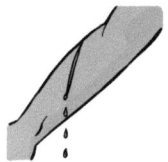

l'hémorragie

النزيف

la crise cardiaque

احتشاء القلب

l'attaque cérébrale

جلطة

l'allergie

حسسية

la toux

السعال

la fièvre

الحُمّى

la grippe

إنفلونزا

la diarrhée

الإسهال

le mal de tête

وجع الرأس

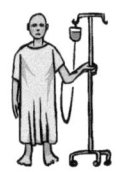

le cancer

السرطان

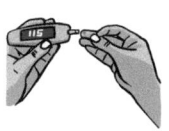

le diabète

مرض السكر

le chirurgien

جرّاح

le scalpel

مبضع

l'opération

عملية

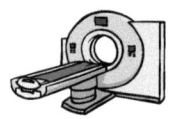

le CT

سيتي سكان

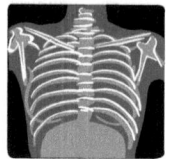

la radiographie

الأشعة السينية

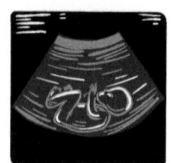

l'échographie

فوق الصوتي

le masque

القناع

la maladie

المرض

la salle d'attente

غرفة الانتظار

la béquille

العُكَّاز

le pansement

شريط لاصق

le pansement

ضماد

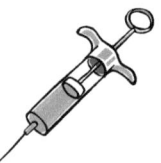

l'injection

حقنة

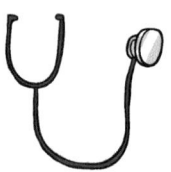

le stéthoscope

سمّاعة الطبيب

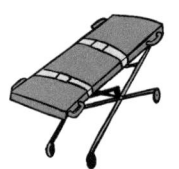

le brancard

نقالة

le thermomètre

ميزان حرارة

l'accouchement

ولادة

la surcharge pondérale

وزن زائد

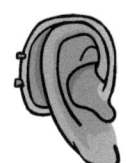

l'appareil auditif

جهاز السمع

le désinfectant

المواد المعقمة

l'infection

عدوى

le virus

فيروس

le VIH / le sida

الإيدز

le médicament

الطب

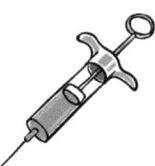

la vaccination

اللقاح

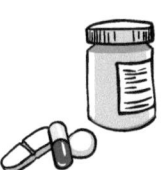

les comprimés

أقراص الدواء

la pilule

حبّة الدواء

l'appel d'urgence

نداء النجدة

le tensiomètre

مقياس ضغط الدم

malade / sain

مريض / صحيح

Au secours !

النجدة!

l'alarme

إنذار

l'assaut

اعتداء

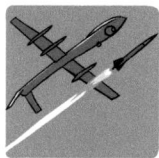

l'attaque

هجوم

le danger

خطر

la sortie de secours

مخرج طوارئ

Au feu!

حريق!

l'extincteur

جهاز الإطفاء

l'accident

حادث

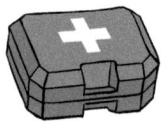

la trousse de premier
secours

حقيبة الإسعاف الأولي

SOS

أنقذونا

la police

الشرطة

l'Europe

أوروبا

l'Amérique du Nord

أمريكا الشمالية

l'Amérique du Sud

أمريكا الجنوبية

l'Afrique

أفريقيا

l'Asie

آسيا

l'Australie

أستراليا

l'Océan atlantique

المحيط الأطلسي

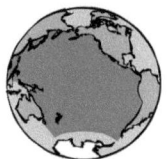

l'Océan pacifique

المحيط الهادي

l'Océan indien

المحيط الهندي

l'Océan antarctique

المحيط المتجمد الجنوبي

l'Océan arctique

المحيط المتجمد الشمالي

le Pôle nord

القطب الشمالي

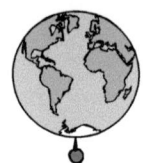

le Pôle sud

القطب الجنوبي

l'Antarctique

منطقة القطب الجنوبي

la terre

أرض

le pays

بر

la mer

بحر

l'île

جزيرة

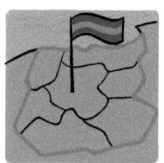

la nation

أمة

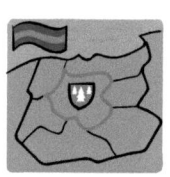

l'état

دولة

le cadran

ميناء الساعة

l'aiguille des heures

عقرب الساعات

l'aiguille des minutes

عقرب الدقائق

l'aiguille des secondes

عقرب الثواني

Quelle heure est-il ?

كم الساعة الآن؟

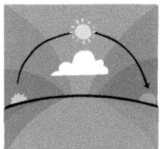

le jour

يوم

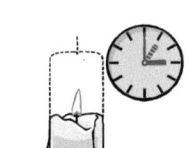

le temps

زمن

maintenant

الآن

la montre digitale

ساعة رقمية

la minute

دقيقة

l'heure

ساعة

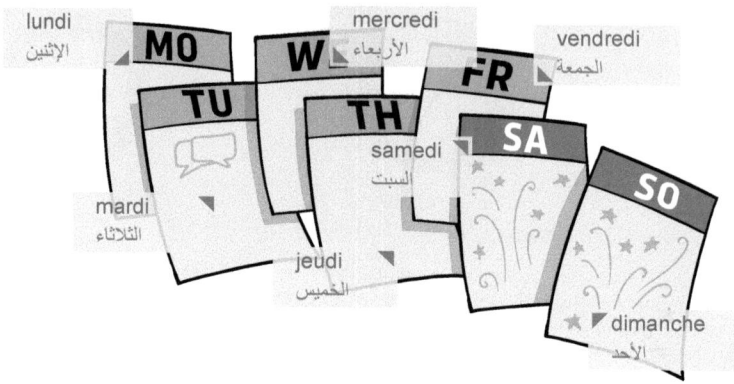

lundi
الإثنين

mercredi
الأربعاء

vendredi
الجمعة

mardi
الثلاثاء

samedi
السبت

jeudi
الخميس

dimanche
الأحد

hier

الأمس

aujourd'hui

اليوم

demain

غداً

le matin

الصباح

le midi

الظهر

le soir

المساء

les jours ouvrables

أيام العمل

le week-end

نهاية الأسبوع

l'année
سنة

l'arc-en-ciel
قوس قزح
la pluie
مطر
la neige
ثلج
le vent
ريح
le printemps
الربيع
l'automne
الخريف
l'été
الصيف
l'hiver
الشتاء

4.APRIL 11°
5.APRIL 4°
6.APRIL 13°
7.APRIL 8°
8.APRIL 10°

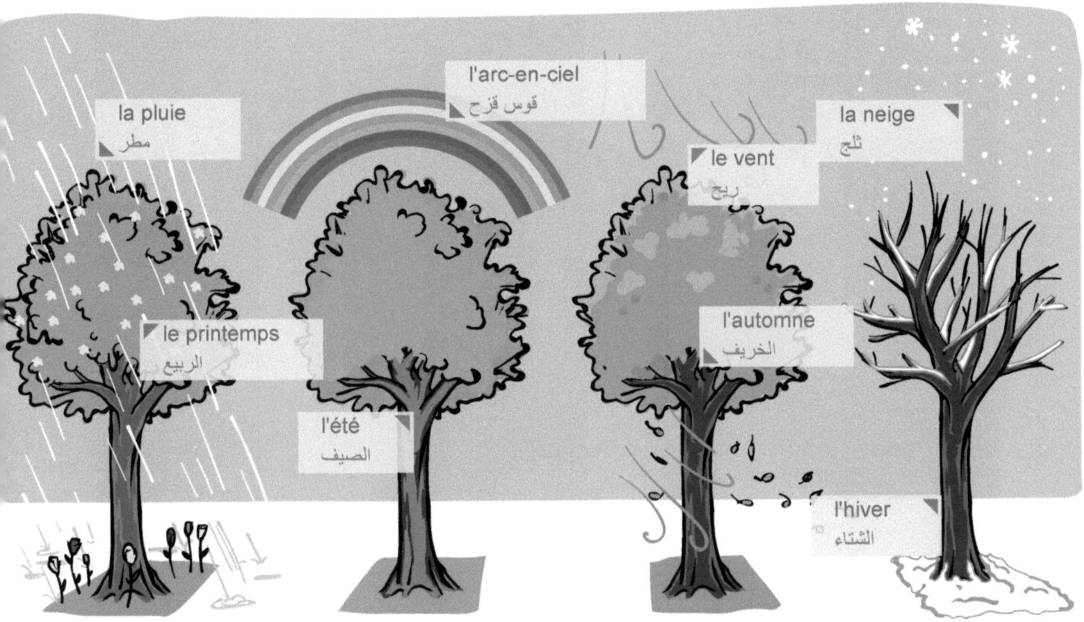

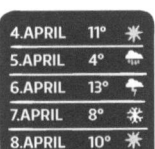

la météo

التنبؤ بالحالة الجوية

F C
120 40
90 30
60 20
30 10
0 0
-30 -10
-20

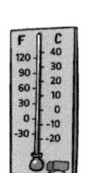

le thermomètre

مقياس حرارة

la lumière du soleil

ضوء الشمس

le nuage

سحابة

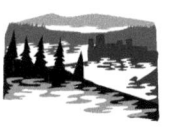

le brouillard

ضباب

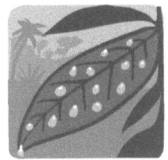

l'humidité

رطوبة الجو

la foudre

برق

la tonnerre

رعد

la tempête

عاصفة

la grêle

بَرَد

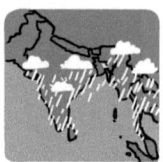

la mousson

ريح موسمية

l'inondation

طوفان

la glace

جليد

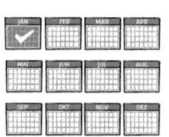

janvier

كانون الثاني / يناير

février

شباط / فبراير

mars

آذار / مارس

avril

نيسان / أبريل

mai

أيار / مايو

juin

حزيران / يونيو

juillet

تموز / يوليو

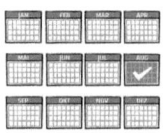

août

آب / أغسطس

septembre

أيلول / سبتمبر

octobre

تشرين الأول / أكتوبر

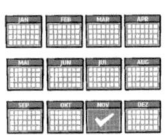

novembre

تشرين الثاني / نوفمبر

décembre

كانون الأول / ديسمبر

les formes

أشكال

le cercle

دائرة

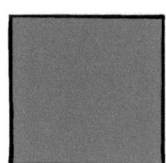

le carré

مربّع

le rectangle

مستطيل

le triangle

مثلّث

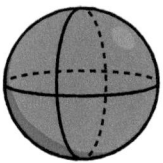

la sphère

كرة

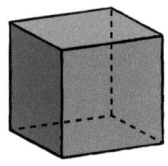

le cube

مكعب

blanc

أبيض

jaune

أصفر

orange

برتقالي

rose

وردي

rouge

أحمر

violet

بنفسجي

bleu

أزرق

vert

أخضر

marron

بني

gris

رمادي

noir

أسود

beaucoup / peu

كثير / قليل

fâché / calme

غضبان / هادئ

joli / laid

جميل / قبيح

le début / la fin

بداية / نهاية

grand / petit

كبير / صغير

clair / obscure

فاتح / قاتم

frère / soeur

أخ / أخت

propre / sale

نظيف / وسخ

complet / incomplet

كامل / ناقص

le jour / la nuit

نهار / ليل

mort / vivant

ميت / حيّ

large / étroit

عريض / ضيّق

comestible / incomestible

صالح للأكل / غير صالح

méchant / gentil

شرّير / لطيف

excité / ennuyé

مثير / ممل

gros / mince

سمين / نحيف

le premier / le dernier

أولا / أخيراً

l'ami / l'ennemi

صديق / عدو

plein / vide

مليء / فارغ

dur / souple

صلب / ليّن

lourd / léger

ثقيل / خفيف

faim / soif

جوع / عطش

malade / sain

مريض / صحيح

illégal / légal

غير شرعي / شرعي

intelligent / stupide

ذكي / غبي

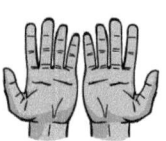

gauche / droite

يسار / يمين

proche / loin

قريب / بعيد

nouveau / usé

جديد / مستعمل

rien / quelque chose

لا شيء / بعض الشيء

vieux / jeune

مسين / شاب

marche / arrêt

يشغل / يطفئ

ouvert / fermé

مفتوح / مغلق

faible / fort

خافت / عال

riche / pauvre

غني / فقير

correct / incorrect

صح / خطأ

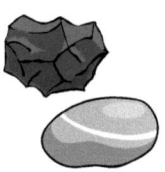

rugueux / lisse

أحرش / املس

triste / heureux

حزين / سعيد

court / long

قصير / طويل

lent / rapide

بطيء / سريع

mouillé / sec

مبلول / جاف

chaud / froid

ساخن / بارد

la guerre / la paix

حرب / سلم

0

zéro

صفر

1

un / une

واحد

2

deux

اثنان

3

trois

ثلاثة

4

quatre

أربعة

5

cinq

خمسة

6

six

ستة

7

sept

سبعة

8

huit

ثمانية

9

neuf

تسعة

10

dix

عشرة

11

onze

أحد عشر

12
douze

اثنا عشر

13
treize

ثلاثة عشر

14
quatorze

أربعة عشر

15
quinze

خمسة عشر

16
seize

ستة عشر

17
dix-sept

سبعة عشر

18
dix-huit

ثمانية عشر

19
dix-neuf

تسعة عشر

20
vingt

عشرون

100
cent

مائة

1.000
mille

ألف

1.000.000
le million

مليون

l'anglais

الإنكليزية

l'anglais américain

الإنكليزية الأمريكية

le chinois mandarin

لغة ماندارين الصينية

le hindi

الهندية

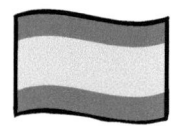

l'espagnol

الإسبانية

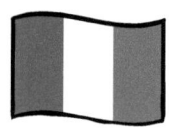

le français

الفرنسية

l'arabe

العربية

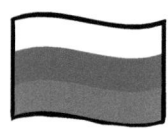

le russe

الروسية

le portugais

البرتغالية

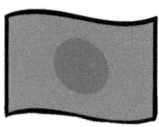

le bengali

البنغالية

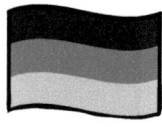

l'allemand

الألمانية

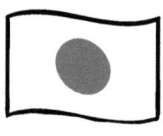

le japonais

اليابانية

je

أنا

tu

أنت

il / elle / ce, c', cela

هو / هي

nous

نحن

vous

أنتم

ils / elles

هم

Qui ?

من؟

Quoi ?

ماذا؟

Comment ?

كيف؟

Où ?

أين؟

Quand ?

متى؟

le nom

اسم

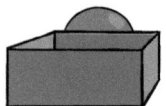

derrière

خلف

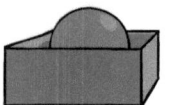

dans

في

devant

أمام

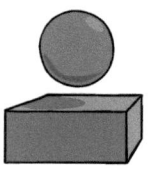

au-dessus

فوق

sur

على

en-dessous

تحت

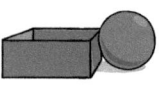

à côté de

جنب

entre

بين

le lieu

مكان